감 수

류재혁 교수
(이학박사, 한국 곤충학회 회장,
고려대학교 부설 한국곤충연구소 연구원)

현진오 박사
(이학박사, 동북아식물연구소장)

 벚꽃 필 무렵 날아오는 백로

펴낸곳 도서출판 세종 | **펴낸이** 이재홍
주소 경기도 광명시 가학동 786-4호 | **전화** (02)851-6149 (02)866-2003
FAX (02)856-1400 | **출판등록** 제10-2547호 | **고객상담번호** 080-320-2003
웹사이트 www.koreagauss.com

이 책에 실린 글과 그림의 저작권은 도서출판 세종에 있습니다.
저작권법에 의해 한국 내에서 보호를 받는 저작물이므로 무단전재와 무단복제를 금합니다.

※잘못 만들어진 책은 바꾸어 드립니다.

- 유성 잉크를 사용하지 않고, 인체에 무해한 친환경 식물성 원료인 콩기름 잉크로 인쇄하였습니다.
- 인체에 무해한 코팅지를 사용하여 냄새도 없으며 아이들이 입에 넣어도 해롭지 않습니다.

벚꽃 필 무렵 날아오는 백로

도서출판 **세 종**

 돌아온 백로

4월이 되면, 햇볕이 따사로워지고 산과 들에 봄꽃들이 가득해집니다.
호수와 논 주변에는 어느새 백로들이 날아와 있습니다.
지난가을 추위를 피해서 남쪽 나라로 날아갔다가
봄을 맞아 다시 돌아온 것입니다.

 ## 가장 먼저 날아오는 대백로

백로 무리 중에서 가장 먼저 날아오는 것은 대백로입니다.
뒤이어 중백로와 쇠백로, 황로 무리도 날아옵니다.
백로가 날아오는 곳은 필리핀이나 베트남 같은 먼 곳입니다.
긴 여행을 마친 백로들은 가을까지 우리나라에서 살게 됩니다.

긴 여행에 지친 백로가 물가에서 쉬고 있습니다.

백로의 고향 친구
백로가 고향 마을을 돌아보다 소를 만났습니다.
오랜만에 다시 보는 소는 백로의 고향 친구입니다.

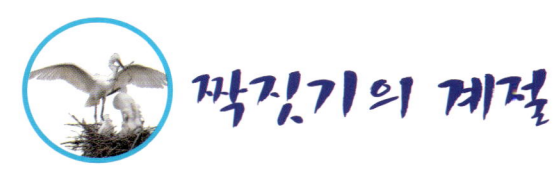
짝짓기의 계절

산과 들에 초록빛이 짙어 갈 무렵이면 백로들의 짝짓기가 시작됩니다.
수컷들은 서로 좋은 둥지 자리를 차지하려다
싸우는 일도 있습니다.
둥지를 만들지 못하면 마음에 드는
신부를 맞이할 수가 없기 때문입니다.

🔸 일단 자기 짝이 정해지면
암컷과 수컷 사이가 매우 좋아집니

🔸 짝짓기 시기가 되면 날개를 뽐내며
상대에게 잘 보이려고 합니다.

둥지를 만들어요

짝짓기를 마치고 나면 암컷과 수컷이 도와서
둥지를 짓기 시작합니다. 백로는 높은 나무 위에,
마른 나뭇가지로 둥지를 만듭니다.
완성된 둥지는 나뭇가지를 쌓아 놓은 듯 엉성해
보이지만, 비바람에도 허물어지지 않을 만큼
튼튼하답니다.

🌱 둥지를 지으려고
나무 위로 올라간 백로

둥지를 만들고 있어요
둥지 재료로는 번식지 근처에 널려 있는 마른 나뭇가지를 주워서 만듭니다.

 ## 알을 낳아요

7~8일 만에 둥지가 다 만들어지면,
암컷은 둥지 속으로 들어가 알을 낳기 시작합니다.
한꺼번에 다 낳지 않고 일주일에 걸쳐서 3~7개의
알을 낳습니다.
새끼가 알에서 나오려면 약 3주일이 걸립니다.
그동안 암컷과 수컷은 번갈아 알을 품어 줍니다.

집단을 이루어 번식하는 백로들

 ## 새끼들의 탄생

5월 말이 되어 논에서 모내기가 시작될 무렵,
대백로의 둥지에서는 새끼들이 태어납니다.
갓 나온 새끼들의 솜털은 축축하게 젖어 있습니다.
어미는 따뜻한 체온으로 새끼들을 포근하게 감싸서
보송보송하게 솜털을 말려 줍니다.

🌽 **알에서 깨어난 지 3~4일 된 새끼**
알을 깨고 나온 어린 새끼들이
어미의 보살핌을 받고 있습니다.

🌽 백로의 새끼들이 알을 깨고 나올 무렵, 논에서는 논갈이와 모내기가 시작됩니다.

 ## 둥지를 떠나는 새끼

날씨가 무더워지기 시작하면, 백로들은 어느새 어미만큼 자랍니다.
알에서 나온 지 4주가 지나면, 어미는 새끼들을
둥지 밖으로 끌어내기 위해 먹이를 조금씩 줄여 갑니다.
배고픈 새끼들은 하나 둘 둥지 밖으로 나옵니다.
알에서 깬 지 한 달쯤 되면,
대부분 새끼들이 하늘을 날 수 있게 됩니다.

둥지에서 나와 첫 비행을 하기 위해 날갯짓을 해 봅니다.

 ## 백로의 하루

둥지를 떠난 지 얼마 안 된 어린 백로들은, 저희끼리
몰려다니며 물고기도 잡고, 나는 연습도 합니다.
주로 햇볕이 뜨겁지 않은 아침나절에만 먹이 사냥을 하고,
한낮에는 그늘진 곳에서 쉬는 경우가 많습니다.
그리고 저녁에 사냥할 때는 뿔뿔이 흩어져서
먹이를 찾는 경우가 많습니다.

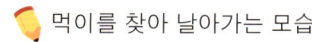 먹이를 찾아 날아가는 모습

먹잇감을 찾은 황로

 ## 부지런한 백로

백로는 해가 뜨자마자 잠에서 깨는 부지런한 새입니다.
먹이를 찾으러 나서기 전에는 깃털을 가다듬고
몸치장을 하기도 합니다.

🌷 **이른 아침의 백로**
해가 뜨자마자 일어나서
날아갈 준비를 합니다.

🌷 부리로 깃털을 다듬으며 몸치장하는 백로

저녁이 되면 잠을 자기 위해 보금자리로 모여듭니다.

 ## 물고기잡이의 명수

이제 새끼 백로들은 어엿한 어른이 되었습니다.
어느 날, 물가를 거닐던 새끼 백로가 갑자기 걸음을 멈추고 물속을 빤히 들여다봅니다. 사냥감을 찾은 모양입니다.
백로는 물고기가 가까이 올 때까지 참을성 있게 기다립니다.
가만히 물속을 노려보던 백로는 눈 깜짝할 사이에
물속으로 들어가 물고기 한 마리를 물고 나옵니다.

백로가 즐겨 찾는 사냥터
물이 거품을 일으키며 떨어지는 곳에서 백로들은 물 밖으로 뛰어나오는 물고기를 노립니다.

뛰어난 사냥 솜씨
쇠백로가 물 위를 날며 물속의 먹이를 노려봅니다.
쇠백로는 한 번 노린 먹이는 좀처럼 놓치지 않을 만큼 물고기잡이의 명수입니다.

 ## 가을이 오면

새끼들을 낳아 기르고, 그 새끼들이 어른만큼
자라게 되면 어느덧 가을이 됩니다.
10월 중순경이 되면 백로들은 남쪽으로
떠날 채비를 합니다.
여행을 시작하기 전에는 충분히 먹이를 먹고
긴 여행을 준비합니다.

또랑또랑 좀더 자세히

 ### 백로의 산

전 세계에는 약 68종의 백로들이 살고 있으며,
그중에서 우리나라로 날아오는 것은 15종류입니다.
백로 종류 중에서 대백로·중백로·소백로 들은 먹이를
찾기에 편리한 장소에서 집단생활을 합니다.
이렇게 백로들이 집단생활을 하는 장소를 '백로의 산'이라 부릅니다.

백로들은 동료와 집단생활을 합니다.
백로들이 모여 사는 곳을 '백로의 산'이라고 합니다.

🔸 **왜가리**
백로 무리 가운데 몸집이 가장 큰 새로서 깃털이 회색과 검은색을 띠고 있습니다.

🔸 **흑로**
다른 백로와 달리 철 따라 이동하지 않는 텃새로 제주도 성산포나 거제도, 진도 등지의 해안 지역에서 볼 수 있습니다.

🔸 **대백로**
왜가리와 함께 우리나라에서 가장 흔하게 볼 수 있으며, 몸집이 큰 새입니다. 눈 주위의 살갗이 진한 녹색인 것이 특징입니다.